Impressum
Verlag: BABADADA GmbH, Nedderfeld 112 , 22529 Hamburg
Geschäftsführer / Verlagsleitung: Harald Hof
Druck: Books on Demand GmbH, In de Tarpen 42, 22848 Norderstedt

Imprint
Publisher: BABADADA GmbH, Nedderfeld 112 , 22529 Hamburg, Germany
Managing Director / Publishing direction: Harald Hof
Print: Books on Demand GmbH, In de Tarpen 42, 22848 Norderstedt, Germany

xue xiao

skole

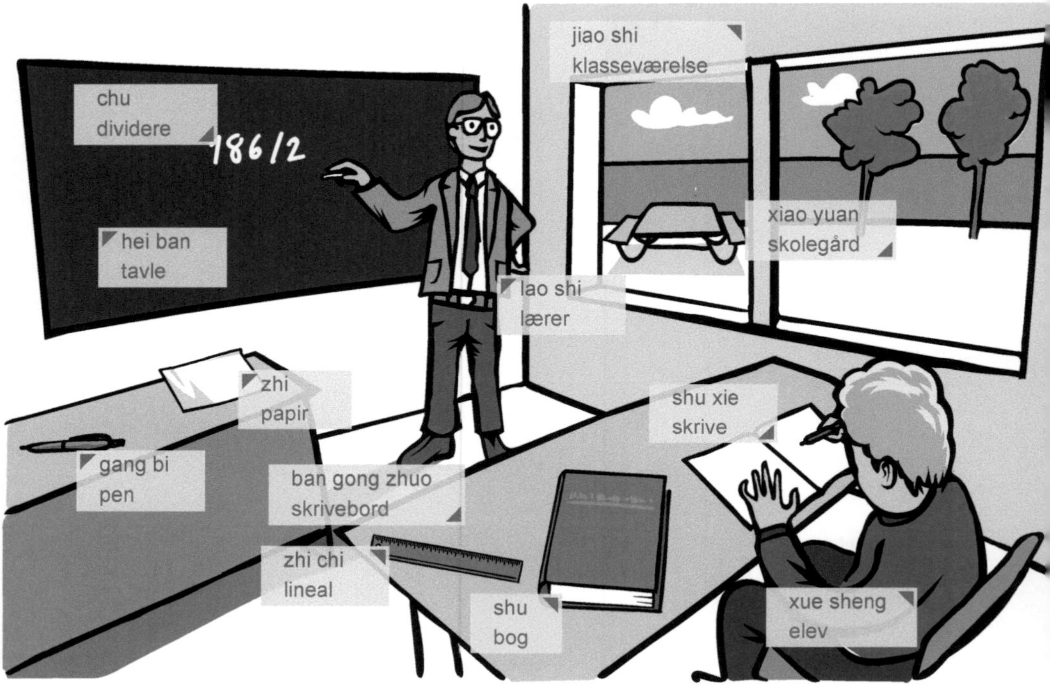
jiao shi
klasseværelse
chu
dividere
186/2
hei ban
tavle
xiao yuan
skolegård
lao shi
lærer
zhi
papir
shu xie
skrive
gang bi
pen
ban gong zhuo
skrivebord
zhi chi
lineal
shu
bog
xue sheng
elev

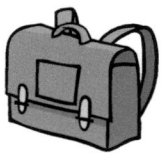

shu bao

skoletaske

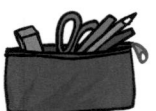

qian bi he

penalhus

qian bi

blyant

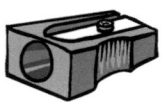

juan bi dao

blyantspidser

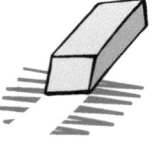

xiang pi ca

viskelæder

hua ban

tegneblok

tu hua

tegning

hua bi

pensel

yan liao he

æske med vandfarver

jian dao

saks

jiao shui

lim

lian xi ce

opgavehefte

jia ting zuo ye

lektie

12

shu zi

tal

2+2

jia

addere

5-2

jian

subtrahere

2×2

cheng

multiplicere

ji suan

regne

A

zi mu

bogstav

**ABCDEFG
HIJKLMN
OPQRSTU
VWXYZ**

zi mu biao

alfabet

hello

zi

ord

ke wen

tekst

du

læse

fen bi

kridt

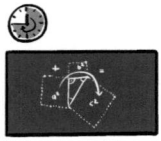

shang ke

time

deng ji

klasseprotokol

kao shi

eksamen

zheng shu

karakterbog

xiao fu

skoleuniform

jiao yu

uddannelse

bai ke quan shu

leksikon

da xue

universitet

xian wei jing

mikroskop

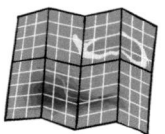

di tu

kort

fei zhi kuang

papirkurv

lü xing

rejse

jiu dian
hotel
Grand
qing nian lü xing she
herberg
ROOMS
wai bi dui huan chu
vekselkontor
shou ti xiang
kuffert
qi che
bil

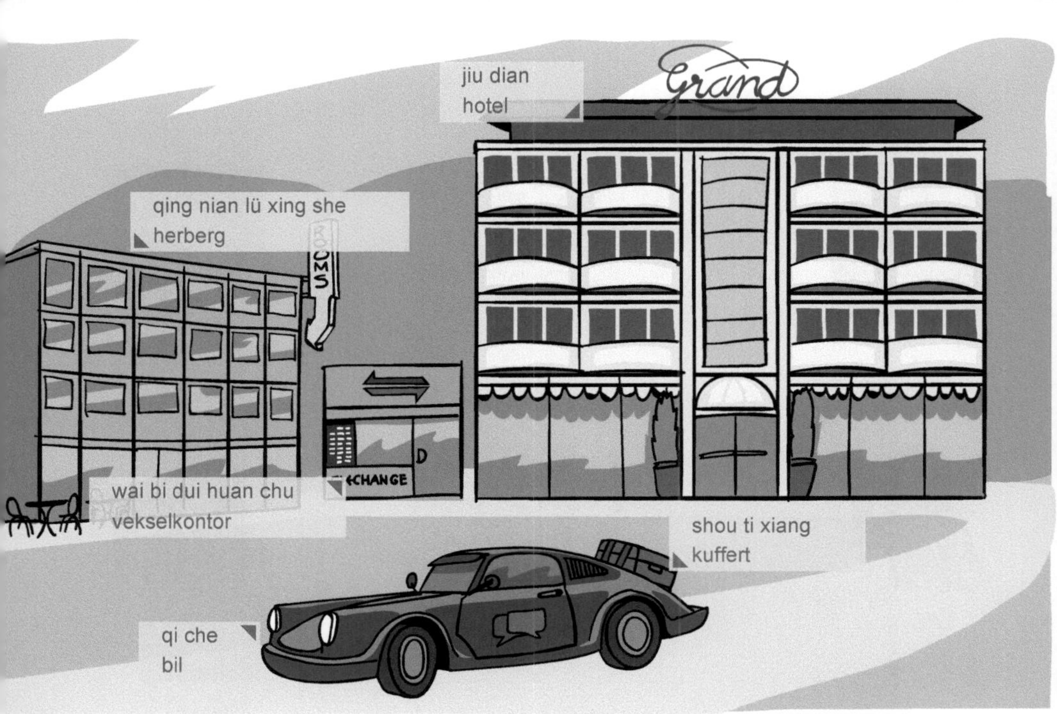

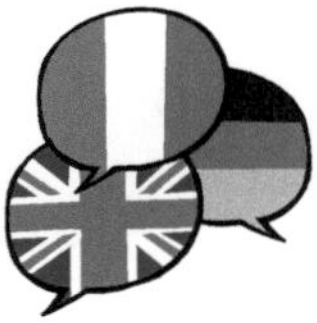

yu yan

sprog

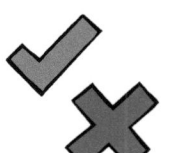

shi/fou

ja / nej

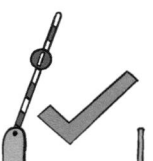

hao de

okay

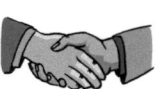

nin hao

hej

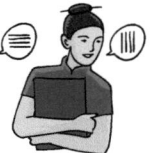

fan yi yuan

oversætter

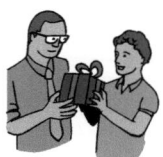

xie xie

tak

......duo shao qian?

hvad koster...?

wo bu ming bai

Jeg forstår ikke

wen ti

problem

wan shang hao!

God aften!

zao shang hao!

God morgen!

wan an!

God nat!

zai jian

farvel

fang xiang

retning

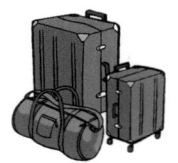

xing li

bagage

bao

taske

shuang jian bao

rygsæk

ke ren

gæst

fang jian

værelse

shui dai

sovepose

zhang peng

telt

lü xing - rejse

lü you xin xi
turistinformation

hai tan
strand

xin yong ka
kreditkort

zao can
morgenmad

wu can
middagsmad

wan can
aftensmad

piao
billet

dian ti
elevator

you piao
frimærke

bian jie
grænse

hai guan
told

da shi guan
ambassade

qian zheng
visum

hu zhao
pas

lü xing - rejse

jiao tong yun shu

transport

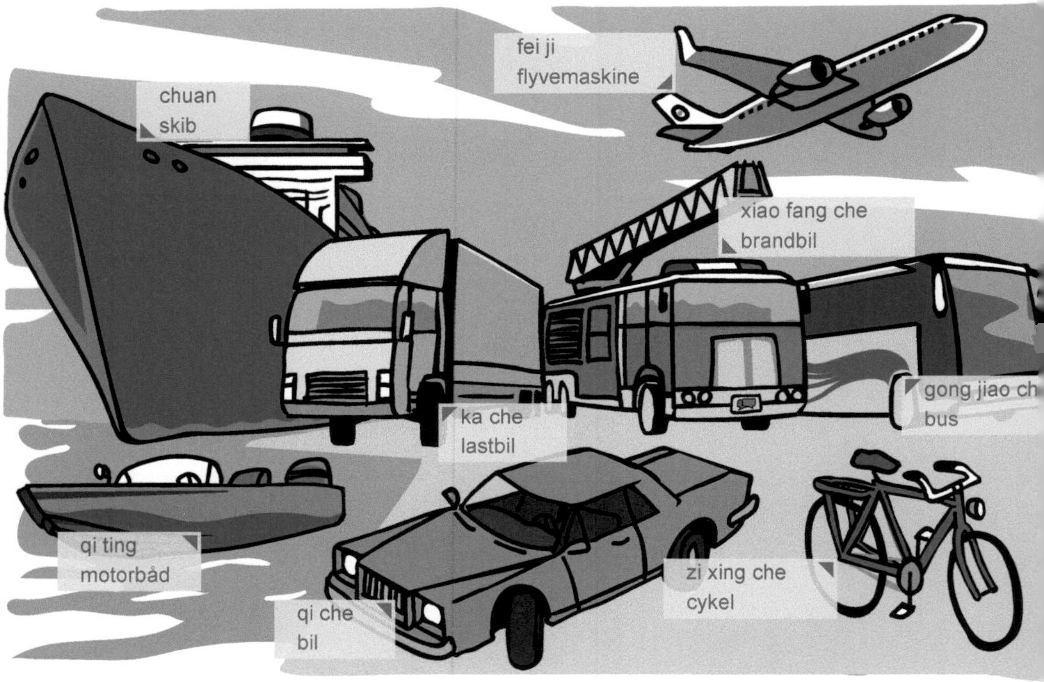
fei ji
flyvemaskine
chuan
skib
xiao fang che
brandbil
gong jiao ch
bus
ka che
lastbil
qi ting
motorbåd
zi xing che
cykel
qi che
bil

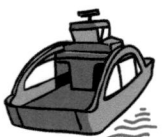

bai du chuan

færge

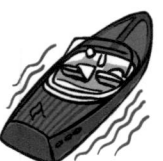

xiao chuan

båd

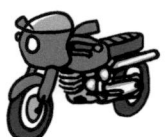

mo tuo che

motorcykel

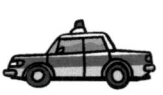

jing che

politibil

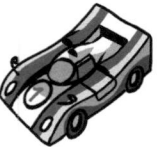

sai che

racerbil

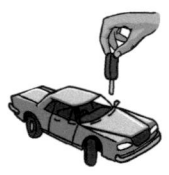

zu che

lejebil

pin che

samkørsel

tuo che

kranbil

la ji che

skraldebil

fa dong ji

motor

qi you

benzin

jia you zhan

tankstation

jiao tong biao zhi

trafikskilt

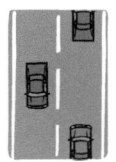

jiao tong

trafik

jiao tong du sai

trafikprop

ting che chang

parkeringsplads

huo che zhan

banegård

gui dao

skinner

huo che

tog

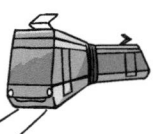

dian che

sporvogn

huo che

wagon

zhi sheng ji

helikopter

ji chang

lufthavn

ta

tårn

cheng ke

passager

ji zhuang xiang

container

zhi ban xiang

karton

shou tui che

kærre

lan zi

kurv

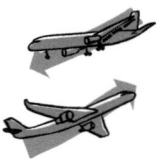

qi fei/jiang luo

starte / lande

cheng shi
by

cun zhuang

landsby

shi zhong xin

bymidte

fang zi

hus

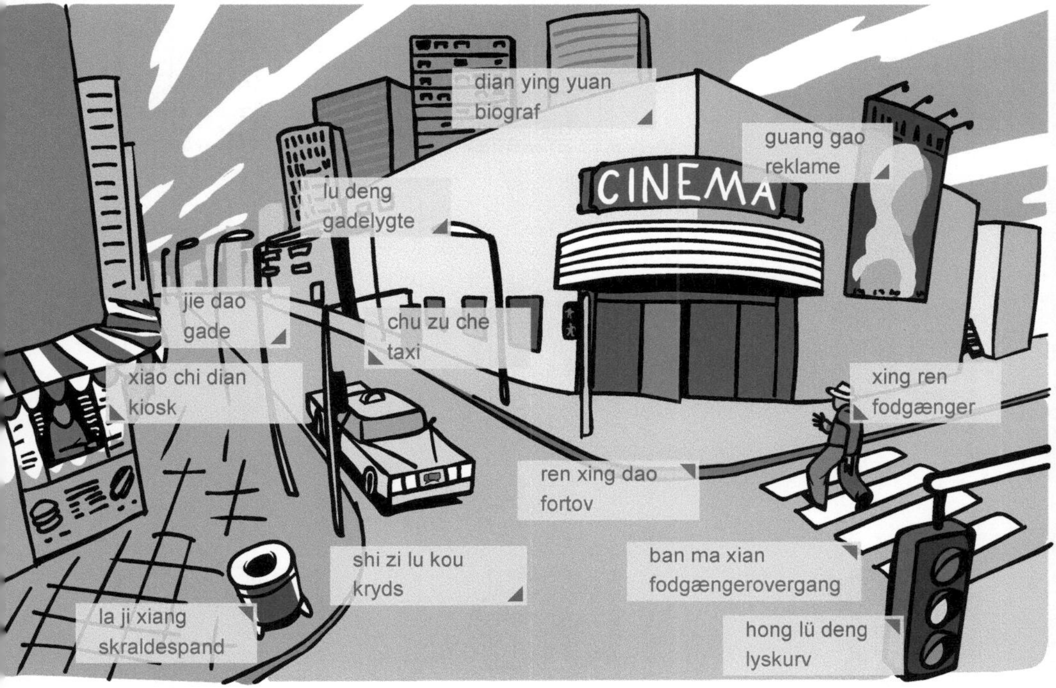

dian ying yuan
biograf

guang gao
reklame

lu deng
gadelygte

jie dao
gade

chu zu che
taxi

xiao chi dian
kiosk

xing ren
fodgænger

ren xing dao
fortov

shi zi lu kou
kryds

ban ma xian
fodgængerovergang

la ji xiang
skraldespand

hong lü deng
lyskurv

CINEMA

xiao wu

hytte

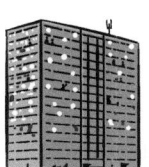

gong yu

lejlighed

huo che zhan

banegård

shi zheng ting

rådhus

bo wu guan

museum

xue xiao

skole

da xue

universitet

yin hang

bank

yi yuan

sygehus

jiu dian

hotel

yao fang

apotek

ban gong shi

kontor

shu dian

boghandel

shang dian

butik

hua dian

blomsterbutik

chao shi

supermarked

shi chang

marked

bai huo shang dian

stormagasin

yu dian

fiskehandler

gou wu zhong xin

butikscenter

hai gang

havn

gong yuan

park

chang deng

bænk

qiao

bro

lou ti

trappe

di tie

undergrundsbane

sui dao

tunnel

gong jiao che zhan

busstoppested

jiu ba

barnevogn

can guan

restaurant

you tong

postkasse

lu biao

vejskilt

ting che ji shi qi

parkometer

dong wu yuan

zoo

you yong guan

badeanstalt

qing zhen si

moske

nong chang

bondegård

wu ran

miljøforurening

mu di

kirkegård

jiao tang

kirke

cao chang

legeplads

si miao

tempel

di xing

landskab

shu ye
blad

zhi shi pai
vejviser

lu
vej

cao di
eng

shi tou
sten

shu
træ

tu bu lü xing zhe
vandrer

he
flod

cao
græs

hua
blomst

xia gu

dal

shan

bjerg

hu

sø

sen lin

skov

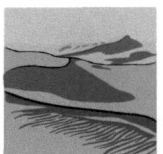

sha mo

ørken

huo shan

vulkan

cheng bao

slot

cai hong

regnbue

mo gu

svamp

zong lü shu

palme

wen zi

moskito

cang ying

flue

ma yi

myre

mi feng

bi

zhi zhu

edderkop

jia chong

bille

qing wa

frø

song shu

egern

ci wei

pindsvin

ye tu

hare

mao tou ying

ugle

niao

fugl

tian e

svane

ye zhu

vildsvin

lu

hjort

mi lu

elg

shui ba

dæmning

feng li fa dian ji

vindmølle

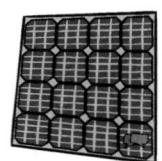

tai yang neng dian chi ban

solcellemodul

qi hou

klima

can guan
restaurant

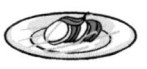

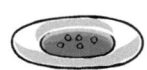

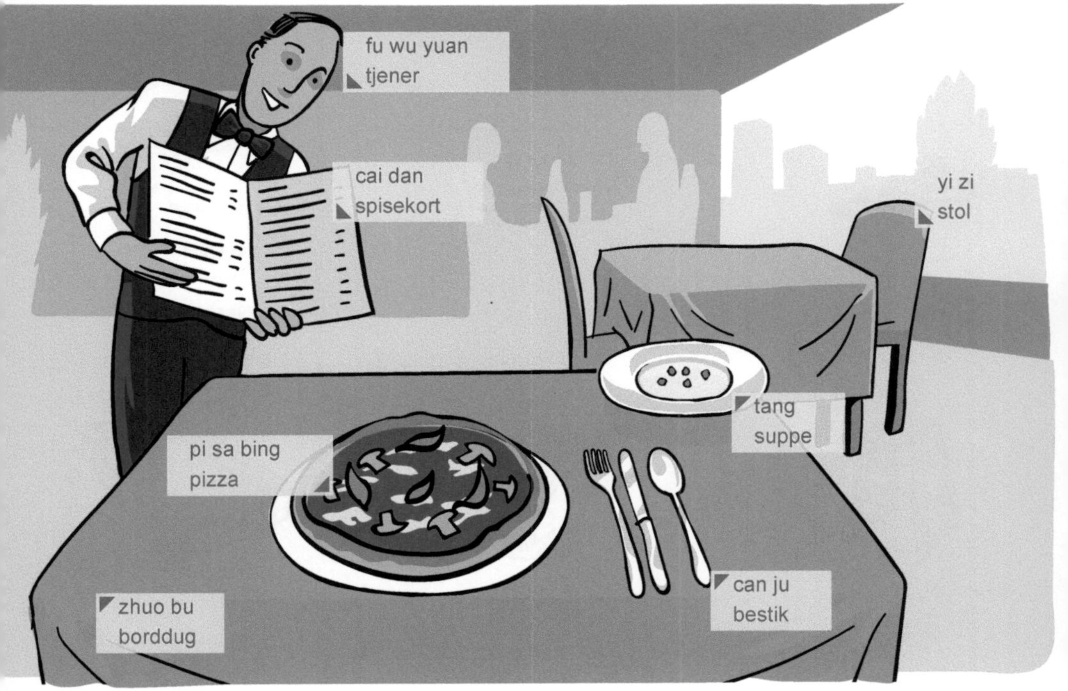
fu wu yuan
tjener
cai dan
spisekort
yi zi
stol
tang
suppe
pi sa bing
pizza
can ju
bestik
zhuo bu
borddug

qian cai
forret

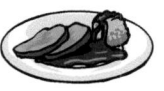

zhu cai
hovedret

tian dian
dessert

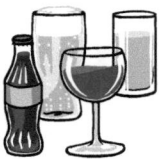

yin liao
drikkevarer

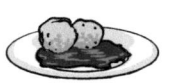

shi wu
mad

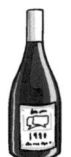

ping zi
flaske

kuai can

fastfood

jie bian xiao chi

streetfood

cha hu

tekande

tang he

sukkerdåse

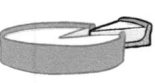

yi fen fan cai

portion

yi shi ka fei ji

espressomaskine

gao jiao yi

barnestol

zhang dan

faktura

tuo pan

tablet

dao

kniv

can cha

gaffel

shao zi

ske

cha chi

teske

can jin

serviet

bo li bei

glas

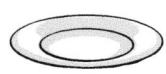

die zi

tallerken

tang pan

dyb tallerken

die zi

underkop

jiang

sovs

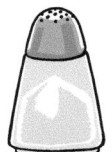

yan ping

saltbøsse

hu jiao mo

peberkværn

cu

eddike

shi yong you

olie

tiao wei liao

krydderier

fan qie jiang

ketchup

jie mo

sennep

dan huang jiang

mayonnaise

chao shi

supermarked

te jia
tilbud
FOR
gu ke
kunde
ru zhi pin
mælkeprodukter
shui guo
frugt
gou wu che
indkøbsvogn

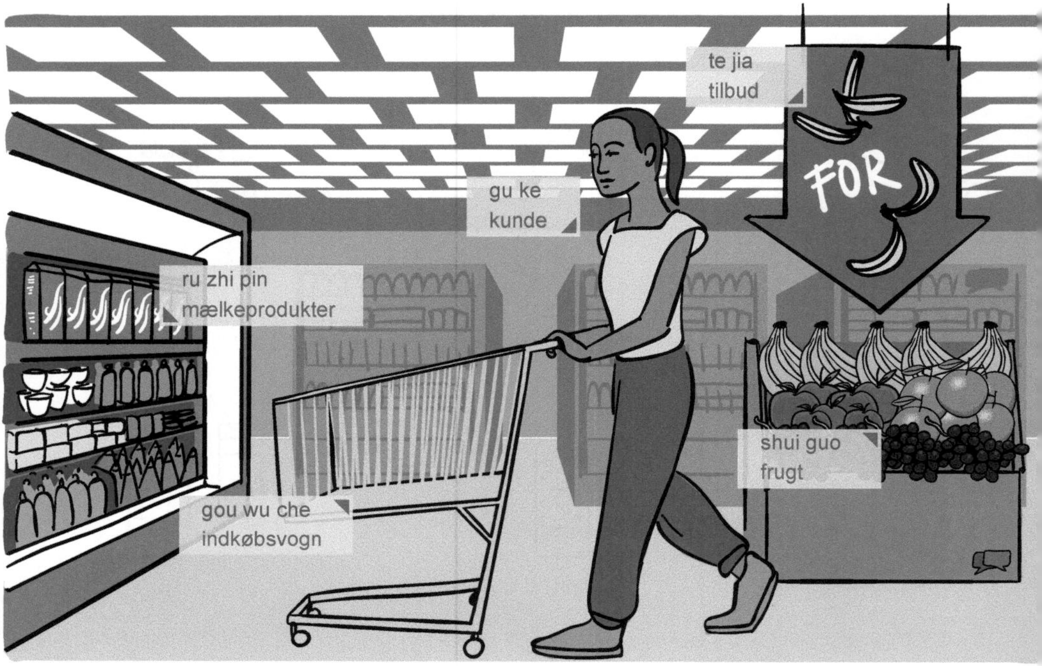

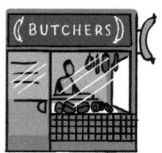

BUTCHERS

rou pu

slagter

BAKERY

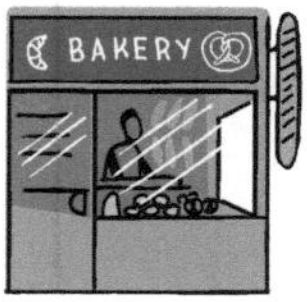

mian bao fang

bageri

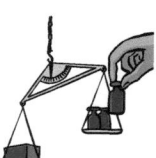

cheng zhong

veje

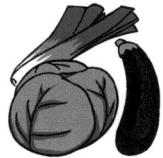

shu cai

grøntsager

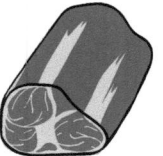

rou

kød

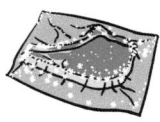

leng dong shi pin

frostvarer

leng pan

pålæg

guan tou shi pin

konserves

xi yi fen

vaskemiddel

tian shi

slik

ri yong pin

husholdningsvarer

qing jie yong pin

rengøringsmidler

xiao shou yuan

ekspedient

shou yin ji

kasse

shou yin yuan

kasserer

gou wu qing dan

indkøbsliste

kai fang shi.jian

åbningstider

qian bao

tegnebog

xin yong ka

kreditkort

dai zi

taske

su liao dai

plasticpose

shui

vand

guo zhi

saft

niu nai

mælk

ke le

cola

hong jiu

vin

pi jiu

øl

jiu

alkohol

ke ke

kakao

cha

te

ka fei

kaffe

yi shi nong suo ka fei

espresso

ka bu qi nuo

cappuccino

xiang jiao

banan

ping guo

æble

cheng zi

appelsin

xi gua

melon

ning meng

citron

hu luo bo

gulerod

da suan

hvidløg

zhu zi

bambus

yang cong

løg

mo gu

svamp

jian guo

nødder

mian tiao

nudler

yi da li mian tiao

spaghetti

mi fan

ris

sha la

salat

shu tiao

pomfritter

zha tu dou

stegte kartofler

pi sa bing

pizza

han bao bao

hamburger

san ming zhi

sandwich

zha zhu pai

schnitzel

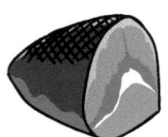

huo tui

skinke

sa la mi

salami

xiang chang

pølse

ji rou

kylling

kao rou

steg

yu

fisk

yan mai pian

havregryn

mu zi li

mysli

yu mi pian

cornflakes

mian fen

mel

yang jiao mian bao

croissant

mian bao juan

rundstykke

mian bao

brød

kao mian bao

toast

bing gan

kiks

huang you

smør

ning ru

kvark

dan gao

kage

dan

æg

jian dan

spejlæg

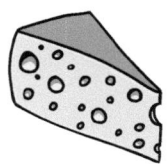

nai lao

ost

shi wu - mad

bing ji lin
is

tang
sukker

feng mi
honning

guo jiang
marmelade

qiao ke li jiang
nougat-creme

ga li fan
karry

nong chang
bondegård

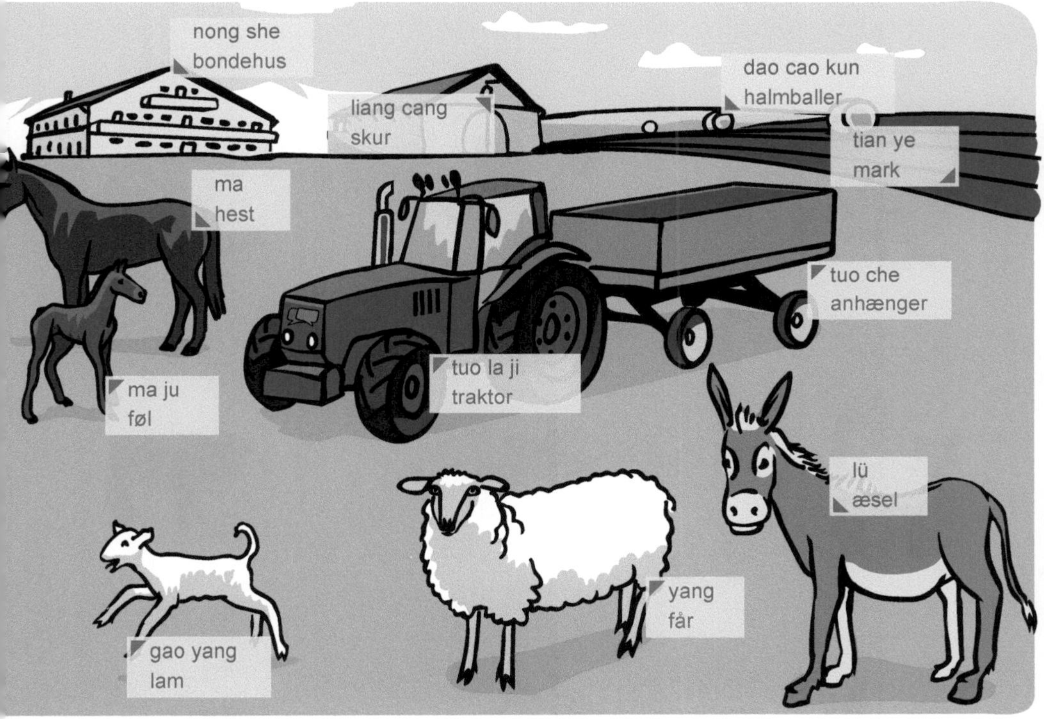
nong she
bondehus
liang cang
skur
dao cao kun
halmballer
tian ye
mark
ma
hest
tuo che
anhænger
ma ju
føl
tuo la ji
traktor
lü
æsel
yang
får
gao yang
lam

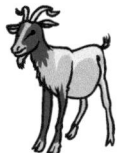

shan yang

ged

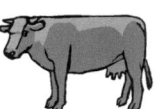

nai niu

ko

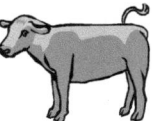

niu du

kalv

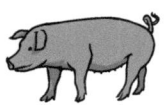

zhu

svin

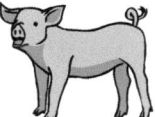

xiao zhu

gris

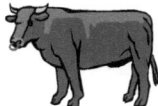

gong niu

tyr

e

gås

ya

and

xiao ji

kylling

mu ji

høne

gong ji

hane

shu

rotte

mao

kat

lao shu

mus

niu

okse

gou

hund

gou wu

hundehus

hua yuan jiao shui ruan
guan
haveslange

sa shui hu

vandkande

chang bing da lian dao

le

li

plov

lian dao

segl

chu tou

hakkejern

chang bing cao pa

møggreb

fu tou

økse

du lun shou tui che

trillebør

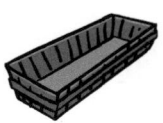

si liao cao

trug

niu nai guan

mælkekande

ma bu dai

sæk

zha lan

hæk

ma jiu

stald

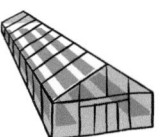

wen shi

drivhus

tu rang

jord

zhong zi

frø

fei liao

gødning

lian he shou ge ji

mejetærsker

shou ge

høste

shou ge

høst

shan yao

yams

xiao mai

hvede

da dou

soja

tu dou

kartoffel

yu mi

majs

you cai zi

raps

guo shu

frugttræ

shu shu

maniok

gu wu

korn

fang zi
hus

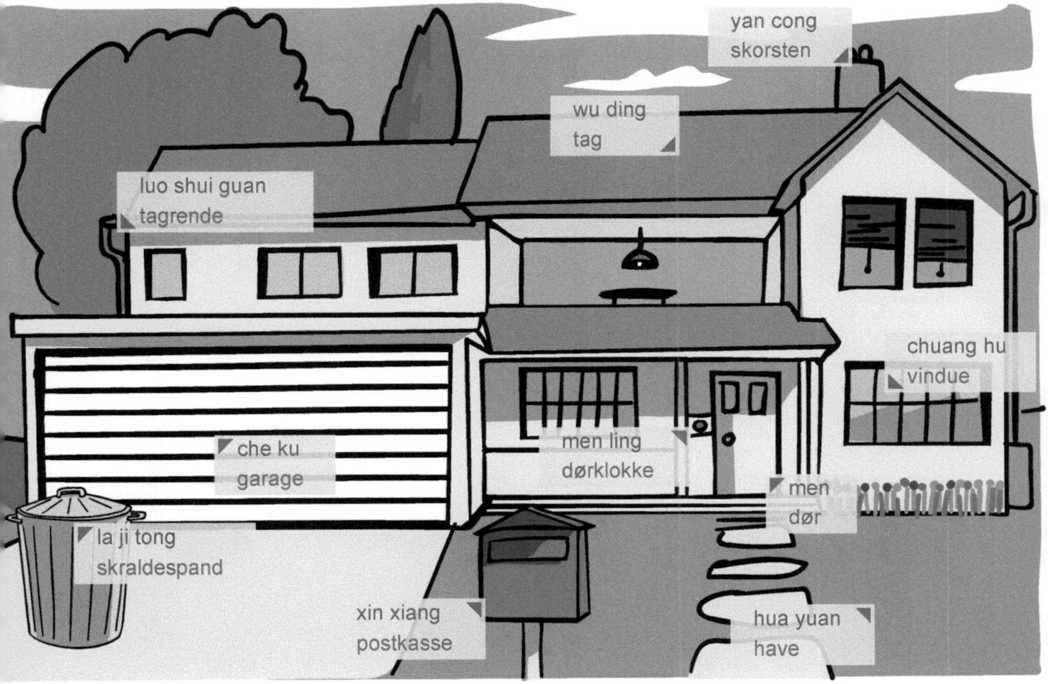
yan cong
skorsten
wu ding
tag
luo shui guan
tagrende
chuang hu
vindue
che ku
garage
men ling
dørklokke
men
dør
la ji tong
skraldespand
xin xiang
postkasse
hua yuan
have

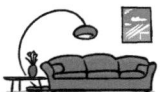

ke ting

stue

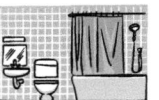

yu shi

badeværelse

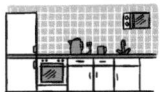

chu fang

køkken

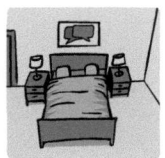

wo shi

soveværelse

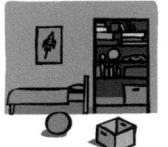

er tong fang

børneværelse

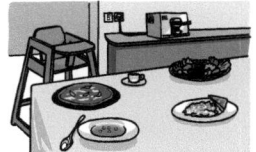

can ting

spisestue

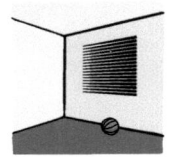

di ban

gulv

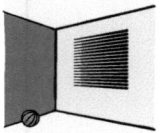

qiang bi

væg

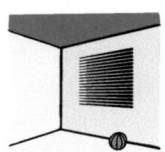

diao ding

loft

di jiao

kælder

sang na

sauna

yang tai

altan

lu tai

terrasse

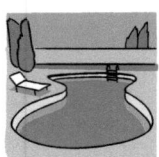

you yong chi

svømmehal

ge cao ji

plæneklipper

bei dan

dynebetræk

chuang zhao

dyne

chuang

seng

sao zhou

kost

shui tong

spand

kai guan

kontakt

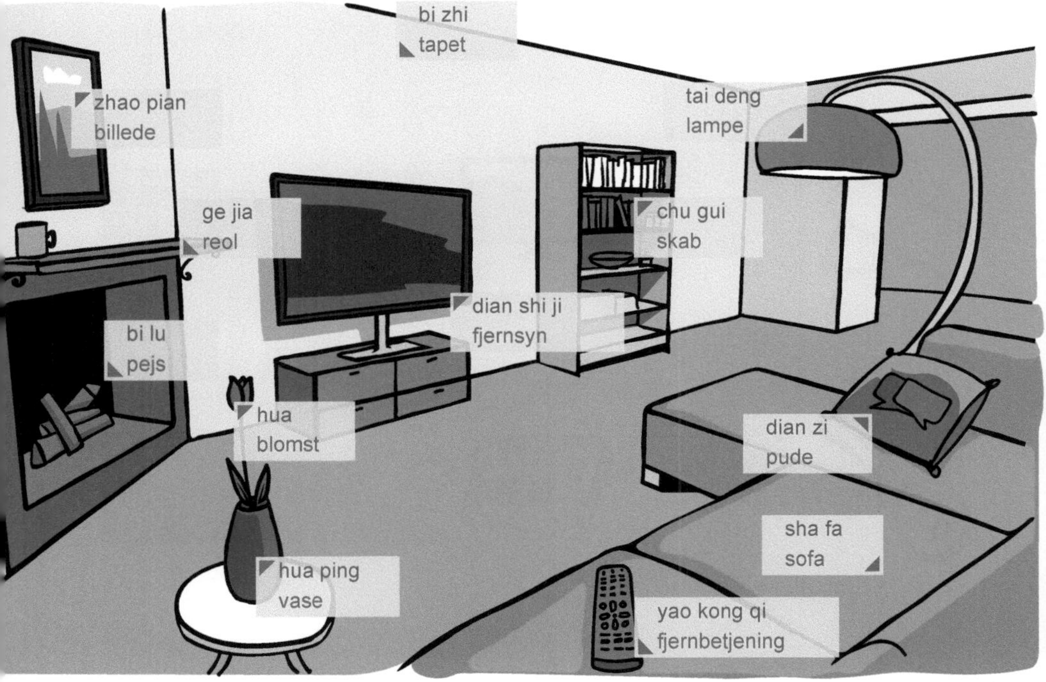

bi zhi
tapet

zhao pian
billede

tai deng
lampe

ge jia
reol

chu gui
skab

bi lu
pejs

dian shi ji
fjernsyn

hua
blomst

dian zi
pude

sha fa
sofa

hua ping
vase

yao kong qi
fjernbetjening

di tan
gulvtæppe

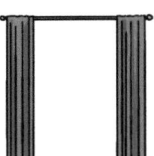

chuang lian
gardin

can zhuo
bord

yi zi
stol

yao yi
gyngestol

fu shou yi
lænestol

shu

bog

tan zi

tæppe

zhuang shi pin

dekoration

mu chai

brænde

dian ying

film

gao bao zhen yin xiang

stereoanlæg

yao shi

nøgle

bao zhi

avis

you hua

maleri

hai bao

plakat

shou yin ji

radio

bi ji ben

notesblok

xi chen qi

støvsuger

xian ren zhang

kaktus

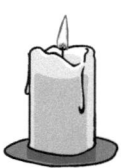

la zhu

lys

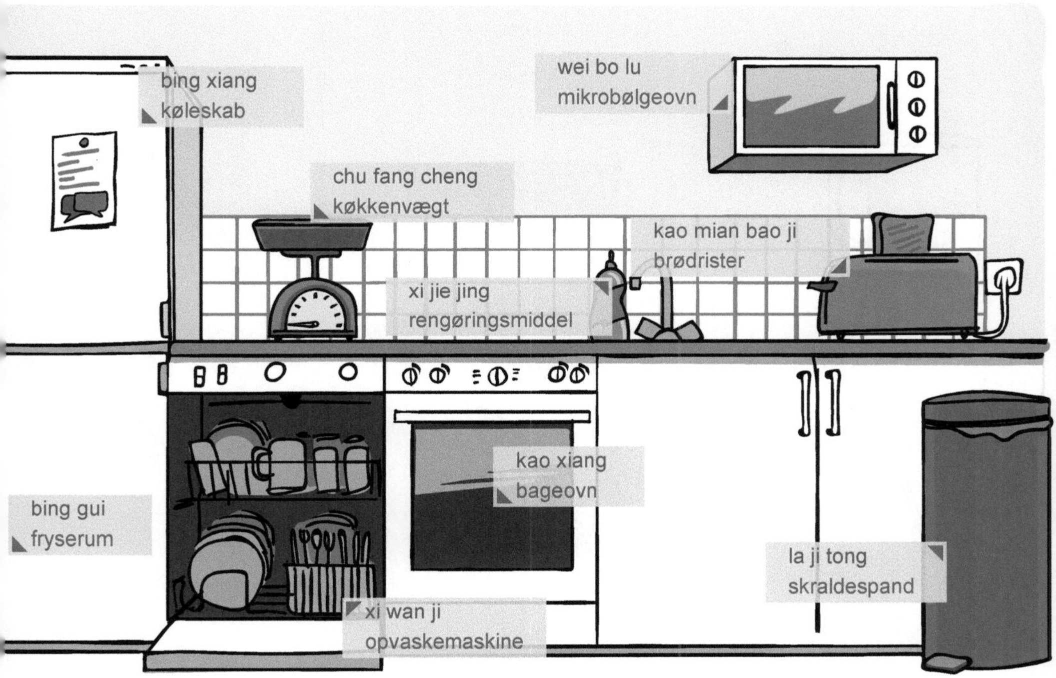

bing xiang
køleskab

wei bo lu
mikrobølgeovn

chu fang cheng
køkkenvægt

kao mian bao ji
brødrister

xi jie jing
rengøringsmiddel

kao xiang
bageovn

bing gui
fryserum

la ji tong
skraldespand

xi wan ji
opvaskemaskine

chui ju

komfur

guo

gryde

zhu tie guo

jerngryde

sha guo

wok / kadai

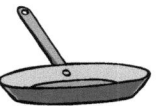

ping di guo

pande

shui hu

elkedel

zheng guo

dampkoger

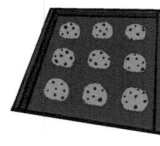

kao pan

bageplade

tao ci guo

service

ma ke bei

bæger

wan

skål

kuai zi

spisepinde

chang bing shao

øseske

chan zi

paletkniv

jiao ban qi

piskeris

lü wang

dørslag

shai zi

si

mo sui ji

rive

yan bo

morter

shao kao

grille

ming huo

ildsted

cai ban

skærebræt

gan mian zhang

kagerulle

kai ping qi

proptrækker

guan zi

dåse

kai ping qi

dåseåbner

ge re shou tao

grydelap

shui cao

køkkenvask

shua zi

børste

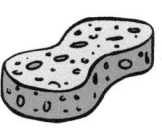

hai mian

svamp

jiao ban ji

blender

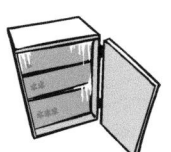

leng cang xiang

dybfryser

nai ping

sutteflaske

shui long tou

vandhane

yu shi

badeværelse

lin yu
brusebad
gong nuan she bei
radiator
mao jin
håndklæde
yu lian
bruserforhæng
pao mo yu
skumbad
yu gang
badekar
bo li bei
glas
xi yi ji
vaskemaskine
shui long tou
vandhane
ci zhuan
fliser
bian hu
tissepotte
shui cao
køkkenvask

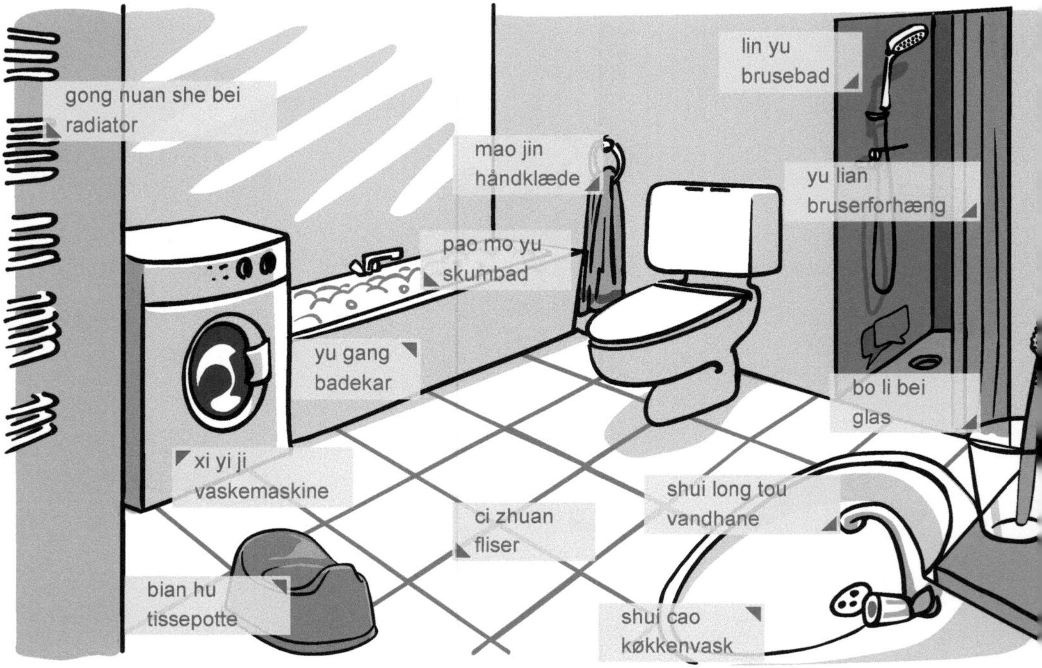

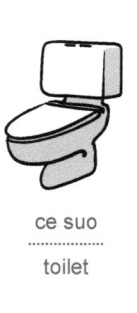

ce suo

toilet

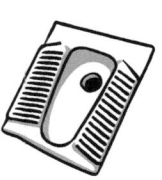

dun bian qi

hugsiddende toilet

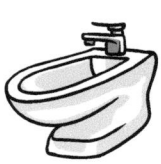

zuo yu qi

bidet

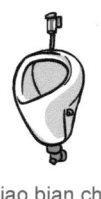

xiao bian chi

pissoir

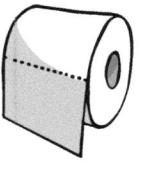

ce zhi

toiletpapir

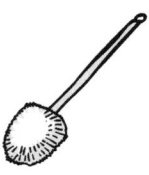

ma tong shua

toiletbørste

ya shua

tandbørste

ya gao

tandpasta

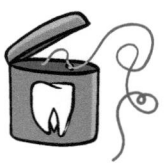

ya xian

tandtråd

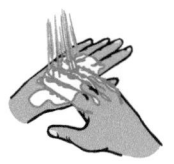

xi

vaske

shou chi shi pen lin tou

håndbruser

chong xi qi

intimbruser

xi lian pen

vaskefad

ca bei shua

badebørste

fei zao

sæbe

mu yu lu

brusegele

xi fa shui

shampoo

fa lan rong

vaskeklud

pai shui

afløb

ru shuang

creme

chu chou ji

deodorant

jing zi

spejl

shou jing

kosmetikspejl

ti xu dao

barberhøvl

ti xu pao mo

barberskum

xu hou shui

barbervand

shu zi

kam

shua zi

børste

chui feng ji

hårtørrer

pen fa ding xing ji

hårspray

hua zhuang pin

makeup

chun gao

læbestift

zhi jia you

neglelak

hua zhuang mian

vat

zhi jia jian

neglesaks

xiang shui

parfume

xi shu bao

toilettaske

deng zi

skammel

ji zhong cheng

vægt

yu pao

badekåbe

xiang jiao shou tao

gummihandsker

wei sheng mian tiao

tampon

wei sheng jin

damebind

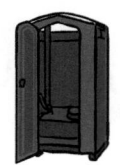

hua xue ce suo

kemisk toilet

er tong fang

børneværelse

nao zhong
vækkeur
mao rong wan ju
bamse
wan ju che
legetøjsbil
bo lang gu
skralde
wan ju wu
dukkehus
li wu
gave

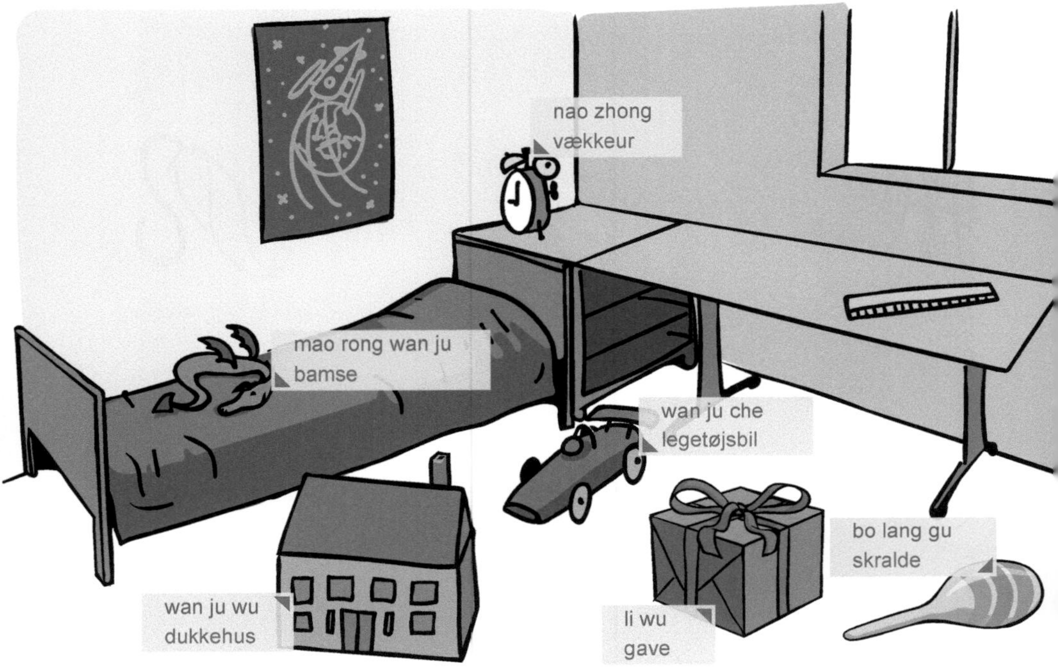

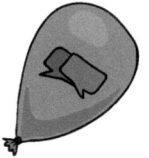

qi qiu

ballon

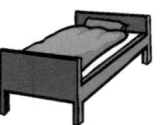

chuang

seng

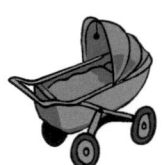

(yang wa wa yong)ying er che

barnevogn

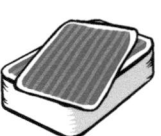

pu ke pai

kortspil

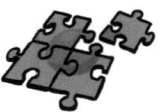

pin tu

puslespil

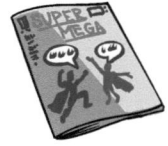

man hua

tegneserie

le gao ji mu

legoklodser

ji mu wan ju

byggeklodser

wan ju ren

action figur

ying er fu

sparkedragt

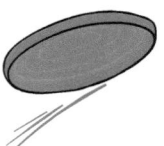

fei pan

frisbee

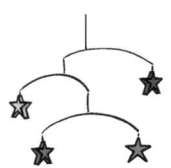

chuang ling wan ju

uro

qi pan you xi

brætspil

shai zi

terning

huo che mo xing

modeljernbane

an fu nai zui

sut

ju hui

fest

hui ben

billedbog

qiu

bold

yang wa wa

dukke

wan

lege

sha keng

sandkasse

qiu qian

gynge

wan ju

legetøj

you xi ji

spillekonsol

san lun che

trehjulet cykel

tai di xiong

bamse

yi chu

klædeskab

yi fu

tøj

wa zi

sokker

chang wa

strømper

jin shen ku

strømpebukser

wei jin
sjal

pi dai
bælte

yu san
paraply

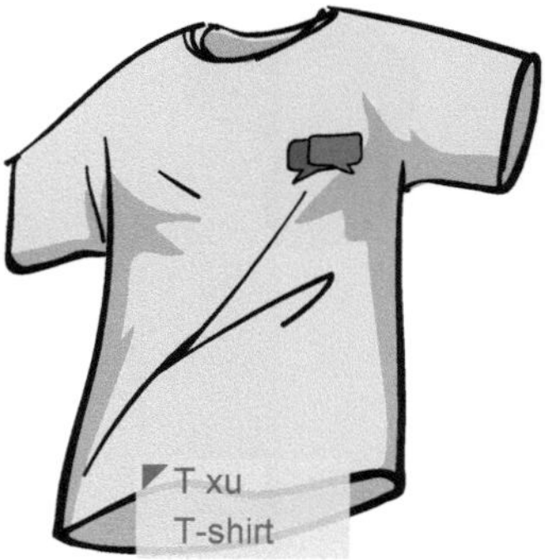

T xu
T-shirt

yun dong xie
sneakers

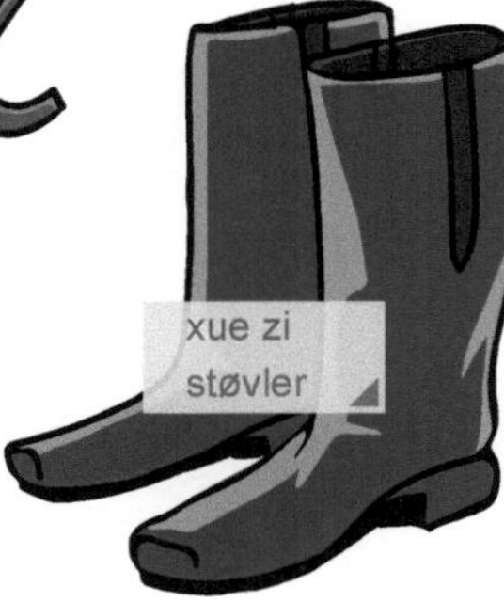

xue zi
støvler

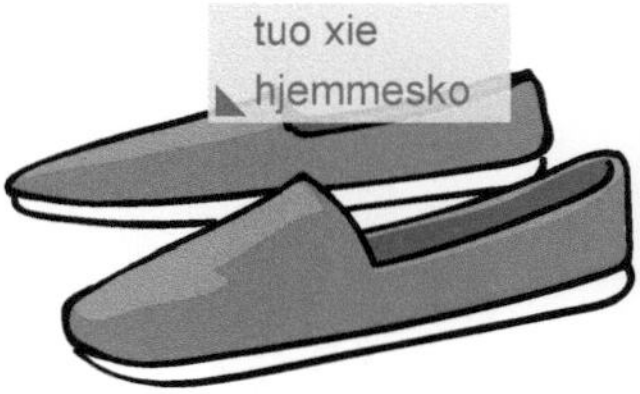

tuo xie
hjemmesko

liang xie
....
sandaler

xie
....
sko

yu xue
....
gummistøvler

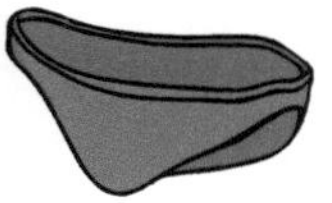

nei ku
....
underbukser

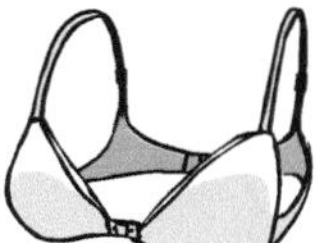

xiong zhao
....
BH

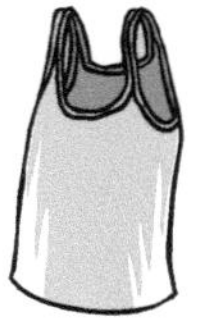

bei xin
....
undertrøje

shen ti

body

ku zi

bukser

niu zai ku

jeans

duan qun

nederdel

nü shi chen shan

bluse

chen shan

skjorte

tao tou shan

pullover

wei yi

sweatshirt

xi zhuang jia ke

blazer

jia ke

jakke

wai tao

frakke

yu yi

regnfrakke

tao zhuang

kostume

lian yi qun

kjole

hun sha

brudekjole

xi zhuang

jakkesæt

shui pao

nattrøje

shui yi

pyjamas

sha li

sari

tou jin

hovedtørklæde

bao tou jin

turban

bo ka

burka

ka fu tan

kaftan

(a la bo shi)chang pao

abaya

yong yi

badedragt

nan shi yong ku

badebukser

duan ku

korte bukser

yun dong fu

træningsdragt

wei qun

forklæde

shou tao

handsker

niu kou

knap

yan jing

briller

shou lian

armbånd

xiang lian

kæde

jie zhi

ring

er huan

ørering

bian mao

hue

yi jia

bøjle

mao zi

hat

ling dai

slips

la lian

lynlås

tou kui

hjelm

bei dai

seler

xiao fu

skoleuniform

zhi fu

uniform

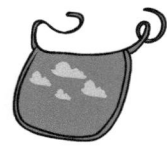

wei dou

hagesmæk

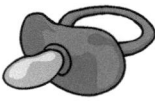

an fu nai zui

sut

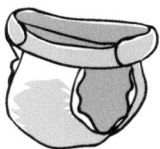

niao bu shi

ble

ban gong shi

kontor

fu wu qi
server
wen jian gui
arkivskab
da yin ji
printer
zhi
papir
xian shi ping
skærm
shu biao
mus
ban gong zhuo
skrivebord
wen jian jia
mappe
jian pan
tastatur
fei zhi kuang
papirkurv
dian nao
computer
yi zi
stol

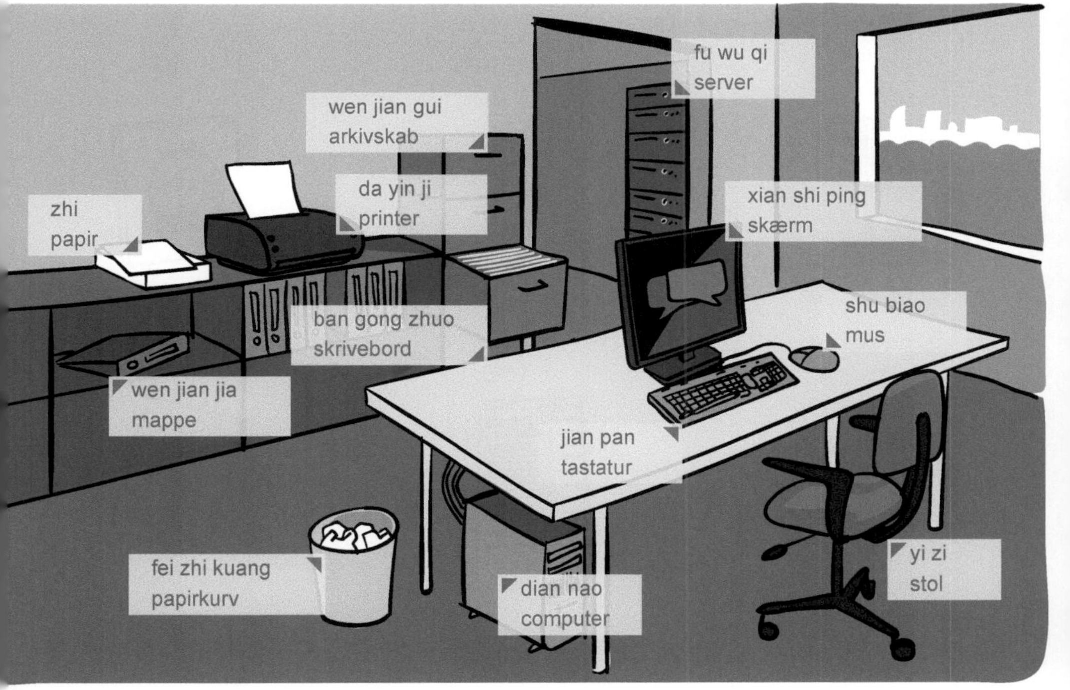

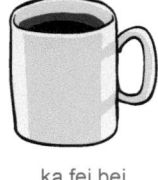

ka fei bei

kaffekrus

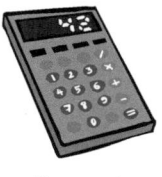

ji suan qi

lommeregner

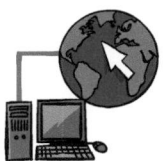

yin te wang

internet

bi ji ben dian nao

bærbar

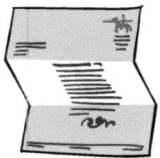

xin jian

brev

xiao xi

besked

shou ji

mobil

wang luo

netværk

fu yin ji

kopimaskine

ruan jian

software

dian hua

telefon

cha zuo

stikdåse

chuan zhen ji

fax

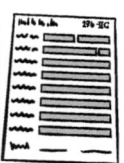

biao ge

formular

wen jian

dokument

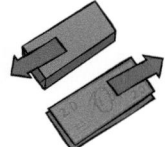

mai

købe

fu qian

betale

jiao yi

handle

xian jin

penge

mei yuan

dollar

ou yuan

euro

ri yuan

yen

lu bu

rubel

rui shi fa lang

schweizerfranc

ren min bi

renminbi yuan

lu bi

rupee

ti kuan chu

hæveautomat

wai bi dui huan chu

vekselkontor

jin

guld

yin

sølv

shi you

olie

neng yuan

energi

jia ge

pris

he tong

kontrakt

shui jin

skat

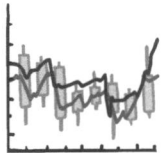

gu piao

aktie

gong zuo

arbejde

zhi yuan

ansat

lao ban

arbejdsgiver

gong chang

fabrik

shang dian

butik

jing guan
politimand

xiao fang yuan
brandmand

chu shi
kok

yi sheng
læge

fei xing yuan
pilot

yuan ding

gartner

mu jiang

tømrer

cai feng

syerske

fa guan

dommer

hua xue jia

kemiker

yan yuan

skuespiller

gong jiao che si ji

buschauffør

chu zu che si ji

taxachauffør

yu fu

fisker

qing jie nü gong

rengøringskone

wu ding gong

tagdækker

fu wu yuan

tjener

lie ren

jæger

hua jia

maler

mian bao shi

bager

dian gong

elektriker

jian zhu gong ren

bygningsarbejder

gong cheng shi

ingeniør

tu fu

slagter

shui guan gong

vvs-mand

you di yuan

postbud

shi bing

soldat

jian zhu shi

arkitekt

shou yin yuan

kasserer

hua nong

blomsterhandler

li fa shi

frisør

shou piao yuan

togfører

ji xie shi

mekaniker

chuan zhang

kaptajn

ya yi

tandlæge

ke xue jia

videnskabsmand

la bi

rabbiner

yi ma mu

imam

he shang

munk

mu shi

præst

gong ju
værktøj

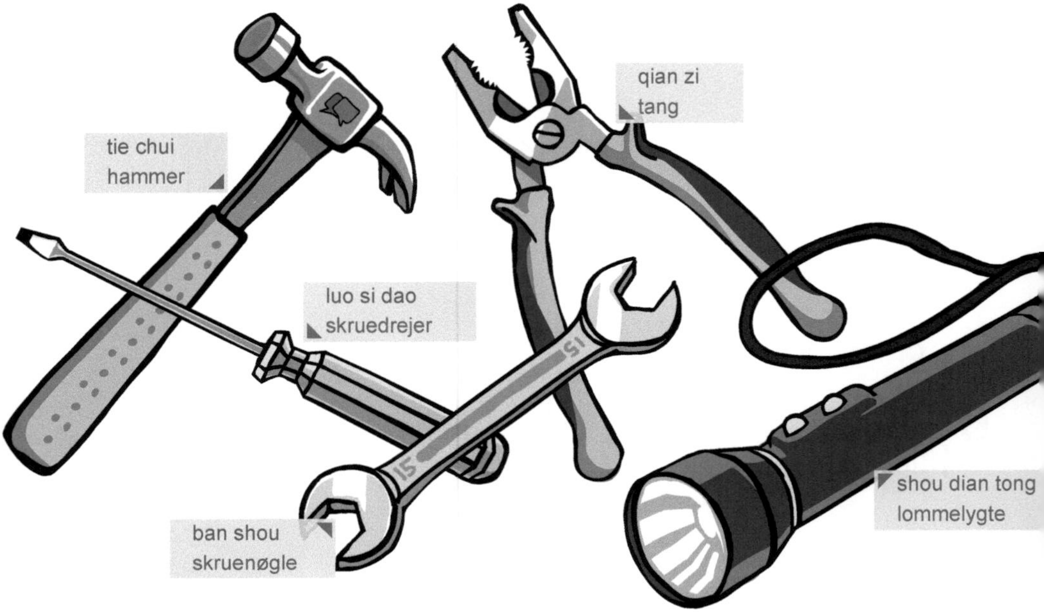

tie chui
hammer
qian zi
tang
luo si dao
skruedrejer
ban shou
skruenøgle
shou dian tong
lommelygte

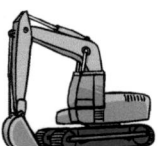

wa jue ji

gravemaskine

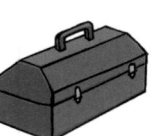

gong ju xiang

værktøjskasse

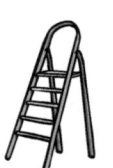

ti zi

stige

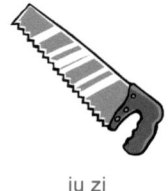

ju zi

sav

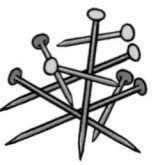

ding zi

søm

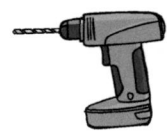

zuan ji

bor

xiu

reparere

chan zi

skovl

kao!

Lort!

bo ji

fejebakke

you qi tong

malerspand

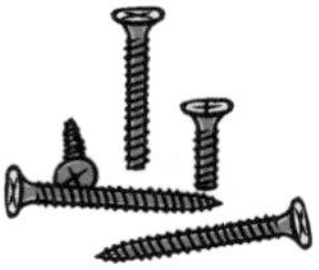

luo si

skruer

yue qi
musikinstrumenter

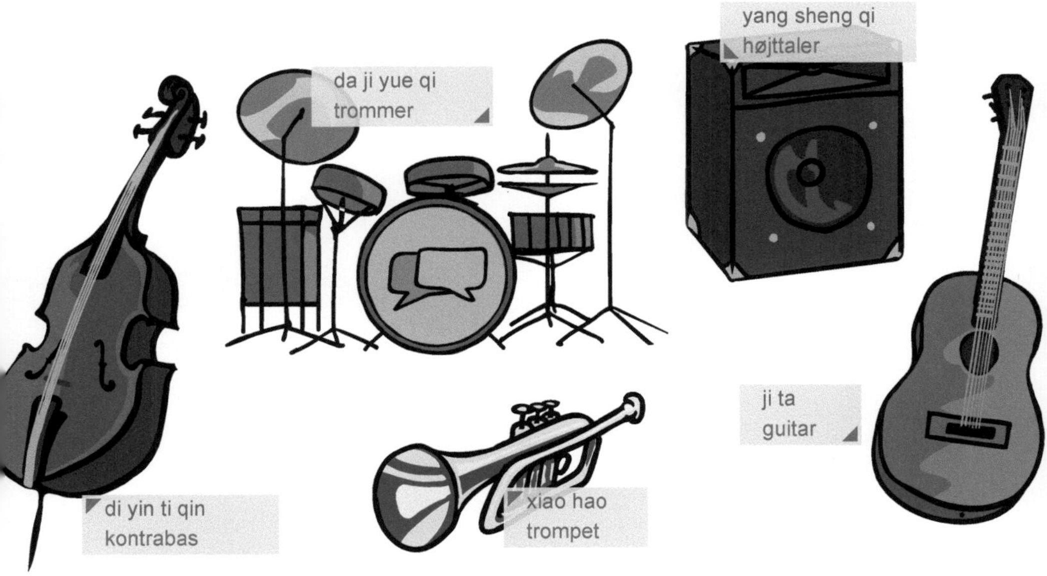

yang sheng qi
højttaler

da ji yue qi
trommer

ji ta
guitar

di yin ti qin
kontrabas

xiao hao
trompet

gang qin

klaver

xiao ti qin

violin

bei si

bas

ding yin gu

pauke

gu

tromme

dian zi qin

keyboard

sa ke si guan

saxofon

chang di

fløjte

mai ke feng

mikrofon

dong wu yuan

zoo

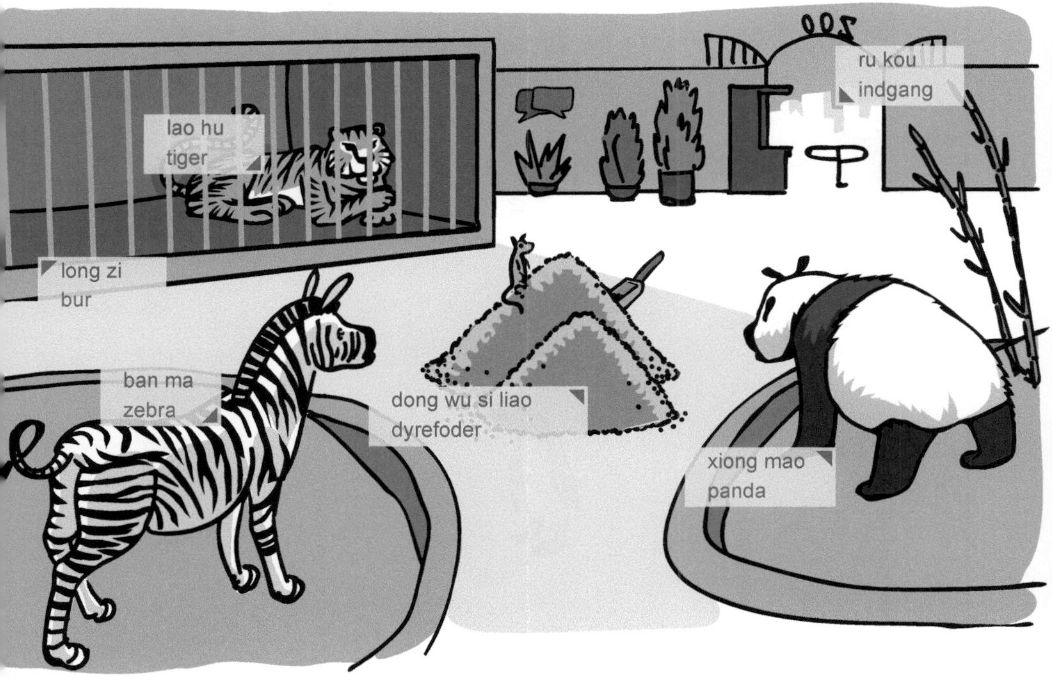

zoo
ru kou
indgang
lao hu
tiger
long zi
bur
ban ma
zebra
dong wu si liao
dyrefoder
xiong mao
panda

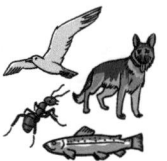

dong wu

dyr

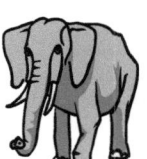

da xiang

elefant

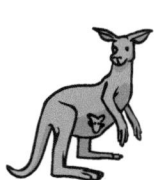

dai shu

kænguru

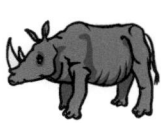

xi niu

næsehorn

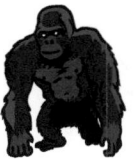

da xing xing

gorilla

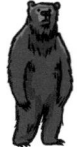

xiong

bjørn

luo tuo

kamel

tuo niao

struds

shi zi

løve

hou zi

abe

huo lie niao

flamingo

ying wu

papegøje

bei ji xiong

isbjørn

qi e

pingvin

sha yu

haj

kong que

påfugl

she

slange

e yu

krokodille

dong wu yuan guan li yuan

dyrepasser

hai bao

sæl

mei zhou bao

jaguar

ai zhong ma

pony

bao

leopard

he ma

flodhest

chang jing lu

giraf

lao ying

ørn

ye zhu

vildsvin

yu

fisk

gui

skildpadde

hai xiang

hvalros

hu li

ræv

ling yang

gazelle

gan lan qiu
amerikansk football

qi zi xing che
cykling

wang qiu
tennis

lan qiu
basketball

you yong
svømning

quan ji
boksning

bing qiu
ishockey

ying shi zu qiu

fodbold

yu mao qiu

badminton

tian jing

atletik

shou qiu

håndbold

hua xue

skiløb

ma qiu

polo

xiao
grine

tiao
springe

yong bao
give et knus

zou lu
gå

chang
synge

zuo meng
drømme

qi dao
bede

qin wen
kysse

shu xie
skrive

hua
tegne

zhan shi
vise

tui
skubbe

gei
give

na
tage

you

have

zuo

gøre

dang

være

zhan

stå

pao

løbe

la

trække

reng

kaste

shuai dao

falde

tang

ligge

deng dai

vente

xie dai

bære

zuo

sidde

chuan yi

tage på

shui jiao

sove

xing lai

vågne

kan

se på

ku

græde

fu mo

ae

shu tou

kæmme

jiao tan

tale

ming bai

forstå

wen

spørge

ting

høre

he

drikke

chi

spise

qing li

rydde op

ai

elske

zuo fan

koge

kai che

køre

fei

flyve

hang xing

sejle

ji suan

regne

du

læse

xue xi

lære

gong zuo

arbejde

jie hun

gifte sig med

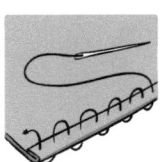

feng

sy

shua ya

børste tænder

sha

dræbe

chou yan

ryge

ji

sende

zu mu
bedstemor

zu fu
bedstefar

fu qin
far

mu qin
mor

ying tong
baby

nü er
datter

er zi
søn

ke ren

gæst

a yi

tante

shu shu

onkel

xiong di

bror

jie mei

søster

shen ti

krop

qian e
pande
yan jing
øje
jian bang
skulder
shou zhi
finger
lian
ansigt
xia ba
hage
shou
hånd
tui
ben
ru fang
bryst
shou bi
arm

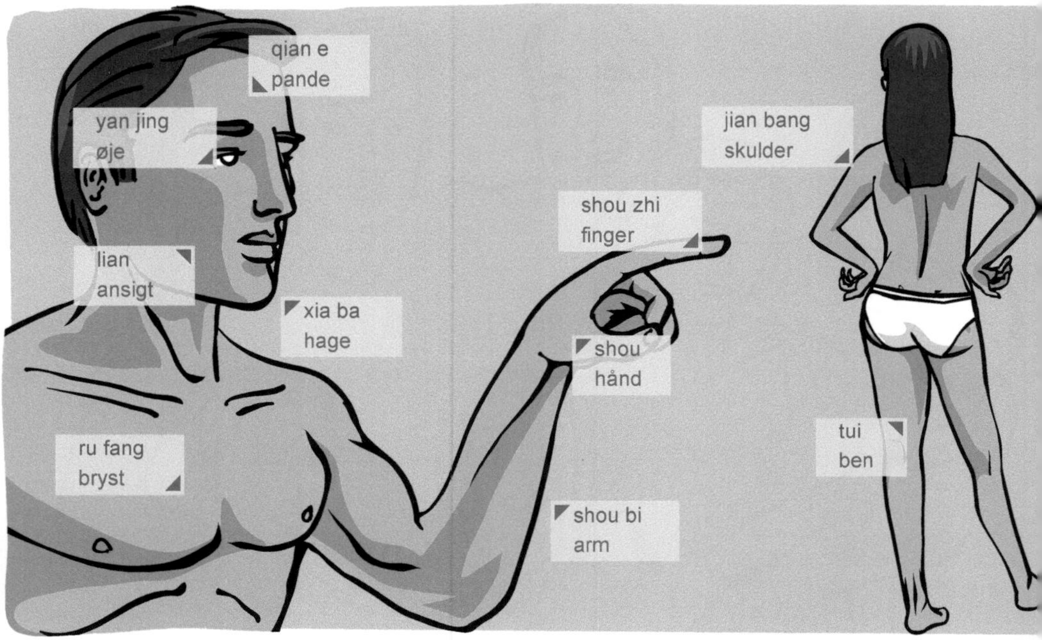

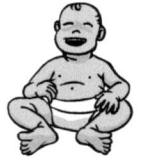

ying tong

baby

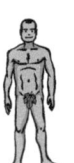

nan ren

mand

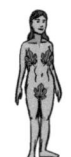

nü ren

kvinde

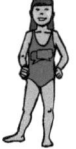

nü hai

pige

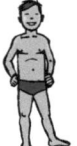

nan hai

dreng

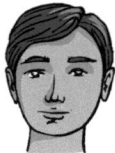

tou

hoved

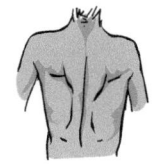

bei bu

ryg

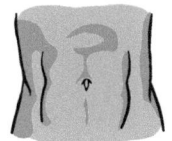

du zi

mave

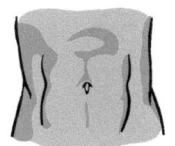

du qi

navle

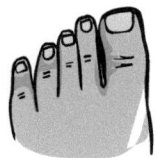

jiao zhi

tå

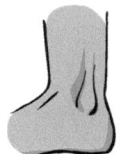

jiao hou gen

hæl

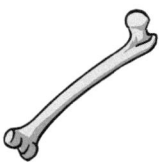

gu tou

knogle

tun bu

hofte

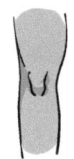

xi gai

knæ

shou zhou

albue

bi zi

næse

pi gu

bagdel

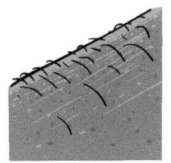

pi fu

hud

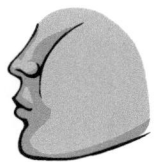

lian jia

kind

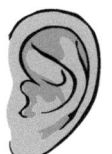

er duo

øre

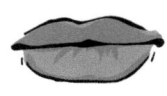

zui chun

læbe

zui

mund

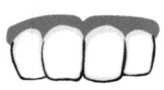

ya chi

tand

she tou

tunge

nao

hjerne

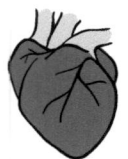

xin zang

hjerte

ji rou

muskel

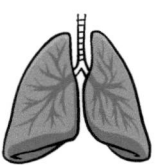

fei

lunge

gan zang

lever

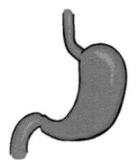

wei

mavesæk

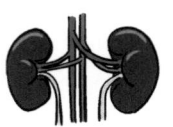

shen zang

nyrer

xing jiao

sex

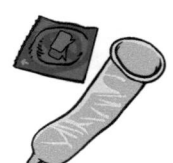

bi yun tao

kondom

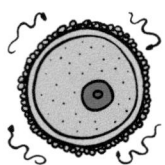

luan zi

ægcelle

jing zi

sperm

huai yun

svangerskab

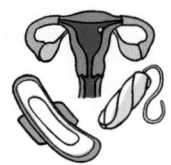

yue jing

menstruation

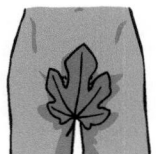

yin dao

vagina

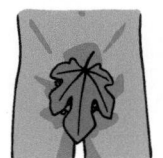

yin jing

penis

mei mao

øjenbryn

tou fa

hår

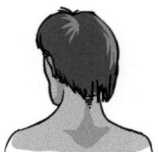

bo zi

hals

yi yuan
sygehus

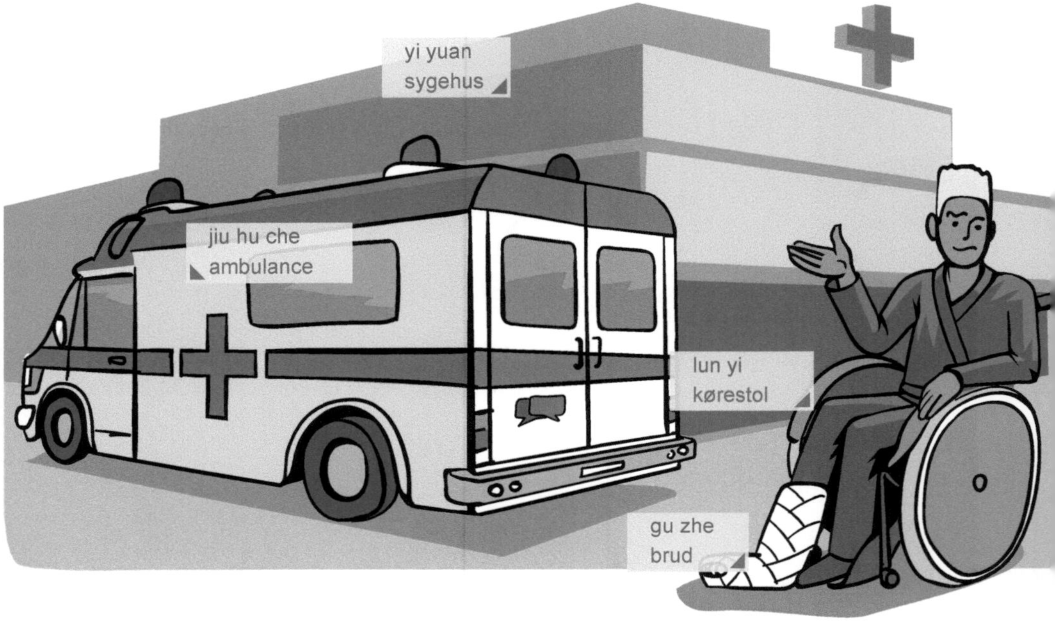

yi yuan
sygehus
jiu hu che
ambulance
lun yi
kørestol
gu zhe
brud

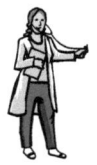

yi sheng

lægge

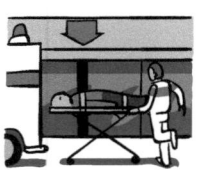

ji zhen shi

akutmodtagelse

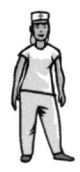

hu shi

sygeplejerske

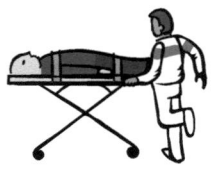

jin ji qing kuang

nødstilfælde

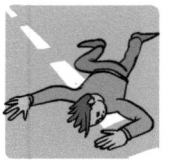

hun mi

bevidstløs

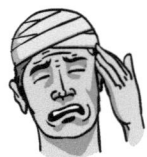

tong

smerte

shou shang

skade

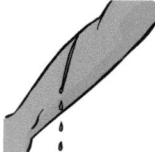

chu xue

blødning

xin zang bing fa zuo

hjerteinfarkt

zhong feng

slagtilfælde

guo min

allergi

ke sou

hoste

fa shao

feber

liu gan

influenza

fu xie

diarré

tou tong

hovedpine

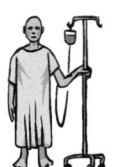

ai zheng

kræft

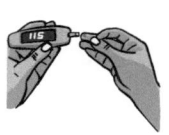

tang niao bing

diabetes

wai ke yi sheng

kirurg

shou shu dao

skalpel

shou shu

operation

CT

CT

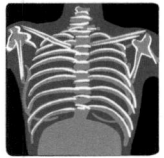

X guang

røntgen

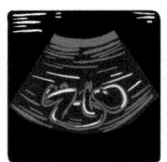

chao sheng bo

ultralyd

kou zhao

maske

ji bing

sygdom

hou zhen shi

venteværelse

guai zhang

krykke

shi gao

plaster

beng dai

forbinding

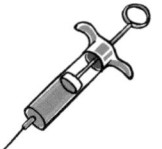

zhu she

injektion

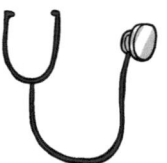

ting zhen qi

stetoskop

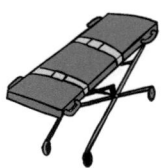

dan jia

båre

ti wen ji

termometer

chu sheng

fødsel

chao zhong

overvægt

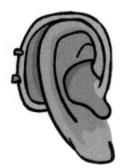

zhu ting qi

høreapparat

xiao du ye

desinficerende middel

gan ran

infektion

bing du

virus

ai zi bing

HIV / AIDS

yao wu

medicin

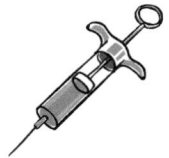

jie zhong yi miao

vaccination

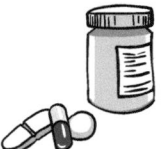

yao pian

tabletter

yao wan

pille

ji jiu dian hua

nødopkald

xue ya ji

blodtryksmåler

sheng bing/jian kang

syg / rask

jiu ming!

Hjælp!

jing bao

alarm

tu ji

overfald

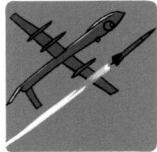

gong ji

angreb

wei xian

fare

jin ji chu kou

nødudgang

zhao huo la!

Det brænder!

mie huo qi

ildslukker

yi wai

uheld

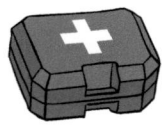

ji jiu xiang

førstehjælps-kuffert

hu jiu xin hao

SOS

jing cha

politi

ou zhou

Europa

bei mei zhou

Nordamerika

nan mei zhou

Sydamerika

fei zhou

Afrika

ya zhou

Asien

ao zhou

Australien

da xi yang

Atlanterhavet

tai ping yang

Stillehavet

yin du yang

Indiske Ocean

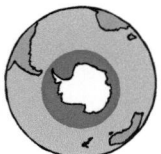

nan bing yang

Sydlige Ishav

bei bing yang

Ishav

bei ji

Nordpol

nan ji

Sydpol

nan ji zhou

Antarktis

di qiu

Jorden

lu di

land

hai

hav

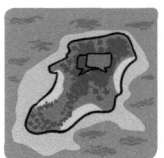

dao

ø

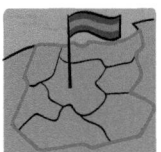

guo jia

nation

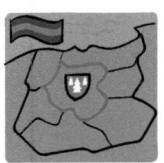

guo jia

stat

zhong mian

urskive

shi zhen

timeviser

fen zhen

minutviser

miao zhen

sekundviser

xian zai ji dian?

Hvad er klokken?

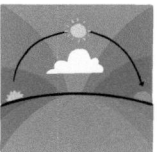

tian

dag

shi jian

tid

xian zai

nu

dian zi biao

digitalur

fen

minut

shi

time

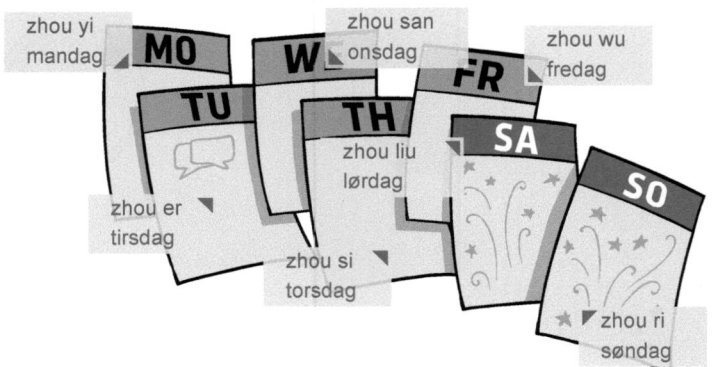

zhou yi
mandag

zhou er
tirsdag

zhou san
onsdag

zhou si
torsdag

zhou wu
fredag

zhou liu
lørdag

zhou ri
søndag

zuo tian

i går

jin tian

i dag

ming tian

i morgen

zao chen

morgen

zhong wu

middag

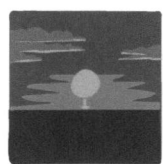

wan shang

aften

gong zuo ri

arbejdsdage

zhou mo

weekend

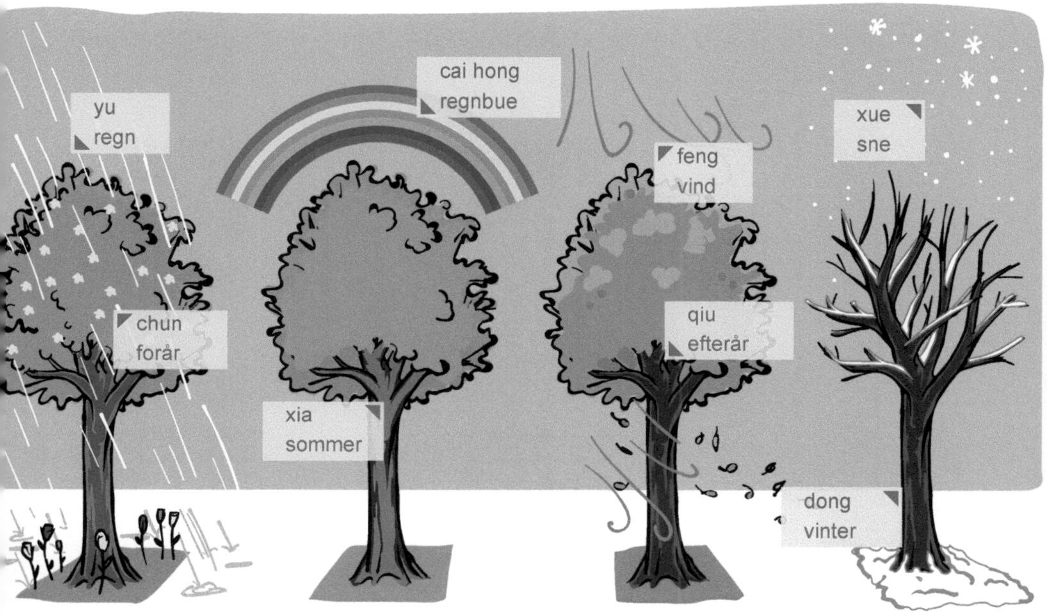

yu
regn
cai hong
regnbue
feng
vind
xue
sne
chun
forår
qiu
efterår
xia
sommer
dong
vinter

4.APRIL 11°
5.APRIL 4°
6.APRIL 13°
7.APRIL 8°
8.APRIL 10°

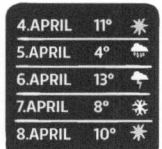

tian qi yu bao

vejrudsigt

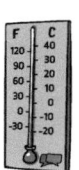

wen du ji

termometer

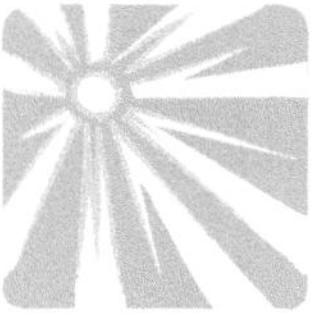

yang guang

solskin

yun

sky

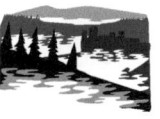

wu

tåge

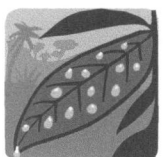

chao shi

luftfugtighed

shan dian

lyn

da lei

torden

feng bao

storm

bing bao

hagl

ji feng

monsun

hong shui

flod

bing

is

yi yue

januar

er yue

februar

san yue

marts

si yue

april

wu yue

maj

liu yue

juni

qi yue

juli

ba yue

august

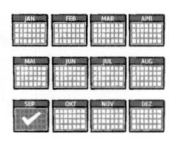

jiu yue

september

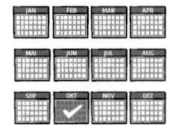

shi yue

oktober

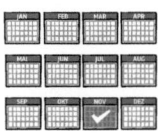

shi yi yue

november

shi er yue

december

xing zhuang
former

yuan xing

cirkel

zheng fang xing

kvadrat

chang fang xing

firkant

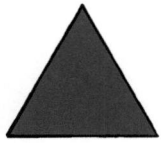

san jiao xing

trekant

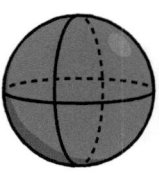

qiu ti

kugle

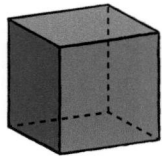

li fang ti

terning

bai

hvid

huang

gul

cheng

orange

fen

pink

hong

rød

zi

lilla

lan

blå

lü

grøn

zong

brun

hui

grå

hei

sort

hen duo/shao xu

meget / lidt

sheng qi/ping jing

rasende / fredelig

mei/chou

smuk / grim

shou/wei

begyndelse / slut

da/xiao

stor / lille

ming/an

lys / mørk

xiong di/jie mei

bror / søster

gan jing/ang zang

ren / snavset

wan zheng/que shi

fuldkommen / ufuldkommen

bai tian/wan shang

dag / nat

si/sheng

død / levende

kuan/zhai

bred / smal

ke shi yong/fei shi yong

spiselig / uspiselig

xie e/shan liang

vred / venlig

xing fen/wu liao

ophidset / kedet

pang/shou

tyk / tynd

di yi/zui hou

først / sidst

peng you/di ren

ven / fjende

man/kong

fuld / tom

ying/ruan

hård / blød

zhong/qing

tung / let

e/ke

sult / tørst

sheng bing/jian kang

syg / rask

fei fa/he fa

illegal / legal

cong ming/yu ben

intelligent / dum

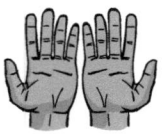

zuo/you

venstre / højre

jin/yuan

nær / fjern

xin/jiu

ny / brugt

mei you/you xie

intet / noget

lao/you

gammel / ung

kai/guan

tændt / slukket

da kai/he shang

åben / lukket

an jing/chao nao

stille / højt

fu/qiong

rig / fattig

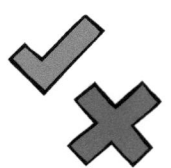

dui/cuo

rigtig / forkert

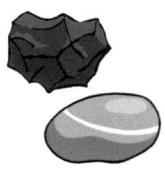

cu cao/guang hua

ru / glat

shang xin/gao xing

ked af det / lykkelig

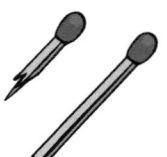

duan/chang

kort / lang

man/kuai

langsom / hurtig

shi/gan

våd / tør

wen nuan/liang shuang

varm / kold

zhan zheng/he ping

krig / fred

0

ling

nul

1

yi

en

2

er

to

3

san

tre

4

si

fire

5

wu

fem

6

liu

seks

7

qi

syv

8

ba

otte

9

jiu

ni

10

shi

ti

11

shi yi

elleve

12
shi er

tolv

13
shi san

tretten

14
shi si

fjorten

15
shi wu

femten

16
shi liu

seksten

17
shi qi

sytten

18
shi ba

atten

19
shi jiu

nitten

20
er shi

tyve

100
bai

hundrede

1.000
qian

tusinde

1.000.000
bai wan

million

ying yu

engelsk

mei shi ying yu

amerikansk engelsk

pu tong hua

kinesisk mandarin

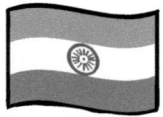

yin di yu

hindi

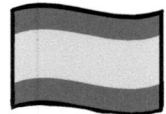

xi ban ya yu

spansk

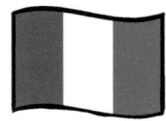

fa yu

fransk

a la bo yu

arabisk

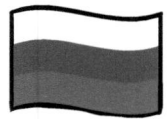

e yu

russisk

pu tao ya yu

portugisisk

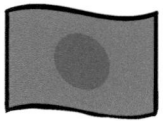

feng jia la yu

bengalsk

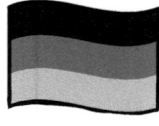

de yu

tysk

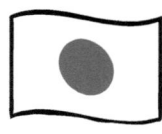

ri yu

japansk

wo

jeg

ni

du

ta/ta/ta

han / hun / den / det

wo men

vi

ni men

I

ta men

de

shei?

hvem?

shen me?

hvad?

zen yang?

hvordan?

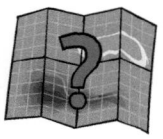

na li?

hvor?

shen me shi hou?

hvornår?

ming zi

navn

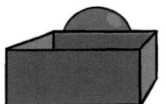

hou mian

bag

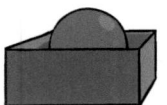

li mian

i

qian mian

foran

shang fang

over

shang mian

på

xia mian

under

pang bian

ved siden af

zhong jian

imellem

di dian

sted